Les s[ ] d'eau

Textes de Jean-Pierre Féret et de Valérie Guidoux

Merci aux illustrateurs de Gallimard Jeunesse et des Guides Gallimard :
J.-P. Chabot, F. Deau, J. Desbordes, H. Fellner, M. Lagarde, G. Morel, M. Pommier,
P. Robin, R. Sabatier, F. Schwebel.

Remerciements à Alain Grée et Hawaii Surf

Crédits photographiques
© Allsport/ Vandystadt : p. 16 (1), G. Vandystadt : p. 2 (3), p. 3 (2), p. 19 (3), p. 25 (3), R. Martin : p. 2 (4), p. 13 (2,3), p. 14 (3), p. 15 (3, 4), N. Bilow : p. 3 (4), D. Givois : p. 4 (1), p. 16 (2), P. Blondel : p. 4 (5), Cirotteau-Lambolez : p. 5 (2), p. 9 (1), H. Boylan : p. 9 (3), R. Martini : p. 10 (1), P. Weiss : p. 11 (3), Y. Guichaoua : p. 14 (1), C. Petit : p. 14 (2), p. 18 (1), C. Guibbaud : p. 15 (1), C. Cole : p. 15 (2), S. Chappaz : p. 6 (1), p. 18 (2), B. Podalydes : p. 19 (1), S. Powell : p. 19 (2), F. Beauchêne : p. 20 (2), S. Cazenave : p. 20 (4), L. Zabulon : p. 21 (1), J.-P. Lenfant : p. 21 (2, 6), D. Kalama : p. 21 (5), P. Auchant : p. 24 (1), G. Aschendorf : p. 25 (2) ; © Au Vieux Campeur : p. 4 (5), p. 10 (2), T. Jaimusz : p. 10 (3) ; © Marc Berthier : p. 26-27 ; © J.-L. Charmet : p. 17 (1) ; © Dorling Kindersley : p. 2 (2), p. 6 (2), p. 9 (2), p. 25 (1) ; © Gallimard : p. 10 (4), p. 11 (2), P. Léger : p. 11 (1), p. 13 (1), p. 23 (2), Eric Guillemot : p. 27 (1, 2) ; © Hawaii Surf : p. 20 (3) ; © Hoa-Qui : P. Gelsello : p. 2 (5), P. S. Howell : p. 3 (1) ; © Magnum : Guy le Querrec couv. (5) ; © Pix : couv. (3), p. 3 (3), B. Losh : couv. (1), D. Mcglynn : couv. (2), S. Simpson : couv. (6) ; © Scope : J. Sierpenski : couv. (7), p. 4 (3), p. 5 (3), D. Faure : p. 4(2), J.-D. Sudres : p. 7 (2, 3), p. 10 (3), J.-L. Barde : p. 10 (2), p. 24 (2, 3) ; © L. de Selva/ Tapabor : p. 7 (1), p. 12 (1), p. 17 (3, 4), p. 26 (1) ; © VISA : C. Rives : couv. (4), p. 9 (4), p. 2 (2), J. Gauthier : p. 5 (1), p. 22 (2), K. Amsler : p. 22 (1), A. Folley : p. 22 (3), p. 23 (1), B. Stichelbaut : p. 26 (2).

Offert par les stations ELF et ANTAR
GUIDES GALLIMARD

LES SPORTS D'EAU

La bouée gonflable est le premier des jeux d'eau. Idéal pour se familiariser au rythme de vagues.

Voile, canoë, ski nautique, planche à voile... mieux vaut ne pas oublier son gilet de sauvetage.

La planche et la voile nécessitent un bon équilibre. Rien de tel qu'une paire de bottines pour ne pas tomber dans l'eau.

De haut vol ou en tremplin, le plongeon est un sport complet qui allie souplesse et rigueur technique.

Durant l'été, mer, rivières, étangs et piscines deviennent un extraordinaire terrain de jeux et de découvertes pour toute la famille. Les plus petits apprécieront l'initiation à la voile, les baignades et les jeux de plage. Quant aux adolescents, ils découvriront ou choisiront l'aviron, le kayak, le rafting et la nage en eaux vives... Enfants et adultes se réuniront pour une partie de pêche ou un match de water-polo... Sans oublier que la pratique de tous ces sports peut aussi être un moment de détente.

Il n'est pas nécesaire d'être un champion pour jouer au water-polo. Une piscine, un ballon et le tour est joué.

Une paire de palmes et un masque pour nager dans les vagues avant de se lancer dans la plongée sous-marine.

SOMMAIRE

Le canyoning consiste à escalader les parois des gorges, puis à redescendre dans le lit du torrent.

RAFTING, CANYONING ET HYDROSPEED

Pour pratiquer le rafting, il n'est pas nécessaire de posséder des connaissances particulières, il suffit de savoir nager.

Ces sports nouveaux, en plein essor, se pratiquent dans les torrents et les rivières coupés de rapides, comme

Les chaussures de canyoning maintiennent les chevilles tout en restant souples.

l'Isère, l'Allier ou l'Ardèche. Il est indispensable de choisir la rivière en fonction de ses aptitudes physiques.

Un raft transporte cinq à huit personnes, assises sur les boudins, équipées d'un casque et d'un gilet de sauvetage. Un «barreur», situé à l'arrière, dirige les manœuvres. Le zodiac est très résistant car ses boudins sont composés de plusieurs compartiments : si l'un d'entre eux se déchire, l'embarcation ne peut couler.

L'équipement du nageur en eaux vives comprend un casque, une combinaison isotherme, des chaussons et des palmes.

Conçu en polyéthylène très résistant, l'hydrospeed est un flotteur insubmersible qui sert également de bouclier protecteur.

Le rafting est accessible à tous à partir de 8 ans. La nage en eaux vives est réservée aux plus de 13 ans, en raison des risques de chocs contre les rochers et de la force physique nécessaire pour se dégager des courants. Les plus sportifs, quant à eux, opteront pour le canyoning. Dans tous les cas, il est fortement déconseillé de se lancer seul dans ce genre d'activités.

Le nageur en eaux vives saisit les poignées du flotteur qui épouse la forme de son buste. Avec ses palmes, il se dirige à l'intérieur des courants.

Il existe plusieurs types de compétitions de nage en eaux vives (hydrospeed) : la descente sur 7 à 12 km et le slalom, qui peut comporter de 10 à 20 portes, sur une distance de 400 à 800 m.

CANOË

Sport olympique depuis 1924, le canoë-kayak recouvre trois disciplines : la course en ligne droite en eaux plates,

Les premiers canoës avaient une forme si parfaite que celle-ci est reprise dans la construction des canoës contemporains.

Dans un canoë, on se tient agenouillé et on pagaie alternativement à droite et à gauche. Les virages s'effectuent en orientant la pelle dans l'eau.

Les canoës peuvent être conduits par un, deux, trois ou quatre équipiers.

le slalom et la descente en rivières. Les compétitions se courent sur deux types de bateau, le canoë et le kayak (voir pages 8-9). Ils sont tous deux originaires du continent nord-américain. Le canoë était utilisé par les Indiens. Ils fabriquaient leurs embarcations

Dans la vallée d'Ottawa, les Indiens algonquin construisaient leur canoë avec de l'écorce de bouleau. Ils disposaient à intervalles réguliers des traverses de bois afin de renforcer la structure. Ce type de canoë était assez solide pour affronter les rapides et assez léger pour être porté sur de longues distances terrestres.

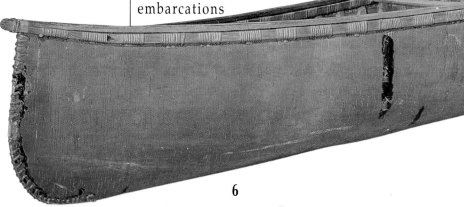

Même les bons nageurs ont intérêt à se munir d'un gilet de sauvetage, lorsqu'ils s'aventurent dans les rapides.

Les rivières rapides et les torrents sont les lieux de prédilection de tous les passionnés de canoë.

Le canoë permet aussi de descendre en flânant les rivières calmes.

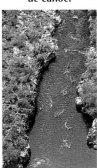

avec des matériaux naturels, tels que le bois et les peaux de bête. Aujourd'hui, les canoës sont faits en bois moulé ou en résine, afin de limiter leur poids et leur résistance à l'eau.

Traverse de bois

Coutures faites avec des racines d'épicéa et calfaté à la résine

À la différence de la pagaie du kayak, celle du canoë ne comporte qu'une seule pelle.

Avec l'essor du tourisme vert, le canoë connaît un regain d'intérêt. Il constitue un bon moyen pour découvrir la faune et la flore.

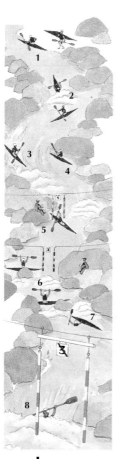

Le slalom
1. Le départ se fait face au courant.
2. Le passage d'un seuil.
3. Le stop courant permet de s'arrêter.
4. Le drossage est un virage qui déporte vers la rive.
5. Un juge surveille chaque porte.
6. La cravate : une extrémité du bateau est retenue par un rocher.
7. Le dessalage est le chavirement du bateau.
8. Les portes peintes en vert et blanc se franchissent dans le sens du courant ; celles peintes en rouge et blanc se passent en remontant le courant.

#

Le kayak a été inventé par les Inuits du Groenland, de l'Alaska et du Labrador, qui l'utilisaient pour la chasse et la pêche. Pour les construire, ils tendaient des peaux de

On distingue 3 types d'embarcations :
1. Kayak de tourisme
2. Kayak de slalom
3. Kayak de descente.

L'esquimautage
Le kayakiste, sans sortir de son embarcation, pivote et se rétablit en prenant appui sur l'eau à l'aide de la pagaie.

phoque, très imperméables, cousues avec des lanières en peau de caribou sur une armature en bois et en os de renne. De nos jours, si l'on a gardé la forme affilée des premiers kayaks, les matériaux utilisés sont la résine et le polyester armé. Le kayak est ponté et muni

Le kayakiste est assis dans son embarcation, contrairement au canoéiste.

Le kayak se pratique également en mer.

La jupe imperméable en Néoprène assure l'étanchéité du bateau. En toutes circonstances, les kayakistes portent un gilet de sauvetage et un casque en plastique.

d'une jupe qui ceinture la taille du kayakiste. Cela permet de chavirer et de se rétablir sans embarquer d'eau. Cette manœuvre a pour nom l'«esquimautage». Sur eau calme, le kayak est d'une grande stabilité. La version utilisée en mer est plus longue (5 m) et dotée d'une étrave plus élevée afin de mieux passer les vagues. C'est l'embarcation idéale pour découvrir le littoral.

Une quinzaine de peaux de phoque ont été nécessaires pour la construction de ce kayak inuit.

Les kayakistes utilisent une pagaie à deux pelles qu'ils plongent alternativement dans l'eau.

Le kayakiste fait une «chandelle» lorsque son canot se cabre sous la pression de l'eau.

Les sorties en mer sont l'occasion de pêcher des raies, des vieilles, des roussettes ou même de petits requins.

Le «surf casting» se pratique sur n'importe quelle plage. En été et selon la nature des fonds, on attrapera des bars, des lieus, des roussettes, des congres…

Après avoir passé plusieurs années en mer, le saumon retourne vers sa rivière natale pour se reproduire.

PÊCHE

Avec ses milliers de kilomètres de rivières, de fleuves et de littoral, ses centaines de lacs et d'étangs, la France est un véritable paradis pour les pêcheurs. La pêche en bord de mer peut se pratiquer librement ; la pêche en rivière est soumise

Dans les eaux stagnantes, les lacs, les étangs et certaines rivières, on pêche des perches, des sandres, des brochets. Ces derniers ont des mâchoires larges pourvues d'environ 700 dents et sont très voraces.

à une stricte règlementation. Il faut se procurer un permis, respecter les périodes autorisées et connaître la liste des poissons que l'on peut pêcher.

On classe généralement les poissons d'eau douce en 2 catégories. Ceux qui fréquentent les eaux vives et ceux qui peuplent les eaux calmes. Ces derniers sont également appelés «à chair blanche», en voici quelques-uns :

La brème

La perche

Le gardon

Le brochet

L'ombre chevalier

Le matériel varie en fonction des poissons et des coins de pêche. La pêche en bord de mer nécessite du fil d'au moins 6 kg et des plombs de plus de 150 g.

1. Fil de nylon
2. Fil de soie (pêche à la mouche)
3. Cuillère
4. Leurres en plastique (pêche en mer)
5. Bouchon (pêche à la truite)
6. Vif artificiel
7. Mouches
8. Hameçons
9. Bouchon (pêche au coup)
10. Olives (plombs)
11. Grappin (surf casting).

Le saumon et la truite fréquentent les eaux vives. La truite, commune dans les courants froids, se nourrit de larves ou de petits poissons.

Le permis s'achète chez les marchands d'articles de pêche, qui vous fourniront aussi toutes les informations utiles. La pêche peut se pratiquer avec un matériel sophistiqué, mais aussi avec un simple canne, du fil, un bouchon et des hameçons.

Canne à lancer télescopique et son moulinet. Il existe deux techniques de lancer : le lancer pendulaire et le lancer de base.

On pêche la truite, les pieds dans l'eau, avec des vers ou des mouches.

Les techniques de base du plongeon n'ont guère évolué depuis cette gravure du IVe siècle avant J.-C.

Au XIXe siècle, les maitres-nageurs utilisaient des filets pour maintenir la tête de leurs élèves hors de l'eau.

NATATION

La natation est aussi ancienne que l'athlétisme : elle fut retenue pour les premiers jeux Olympiques en 1896 et compte 4 disciplines : la nage libre (le crawl), la brasse, le papillon et le dos crawlé. La natation est également une des disciplines du triathlon : 3,8 km à la nage, 180 km à vélo, suivis d'un marathon. Dans cette épreuve de natation, le nageur affonte les mêmes difficultés que le vacancier. Lorsqu'on est au bord de la mer, courants

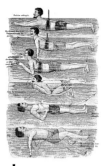

Les mouvements de brasse et de nage sur le dos ont été les premiers à être enseignés, dès le XIXe siècle. Le crawl a été inventé par Georges Rigal, qui utilisa pour la première fois ce style lors des championnats de France de 1908.

1. La brasse : tendre les bras vers l'avant, écarter les coudes, puis les ramener le long du corps. Simultanément, tendre les jambes vers l'arrière puis les replier.

2. Le crawl : mouvements alternés des bras ponctués de battements de jambes.

3. Le dos crawlé : mouvements alternatifs des bras et battements verticaux des jambes.

4. Le papillon : lancer simultanément les bras vers l'avant et les ramener le long du corps. Les mouvements de jambes se font de haut en bas.

Le virage consiste à faire une culbute dans l'eau puis à se propulser en utilisant comme appui le mur de la piscine.

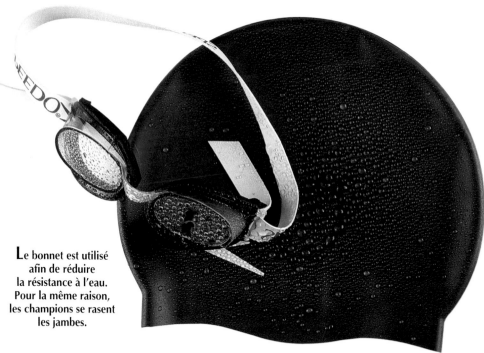

Le bonnet est utilisé afin de réduire la résistance à l'eau. Pour la même raison, les champions se rasent les jambes.

Le plongeon comprend deux disciplines : le tremplin (1, 3, 5 ou 10 m) et le plongeon de haut vol, depuis une plate-forme située à dix mètres.

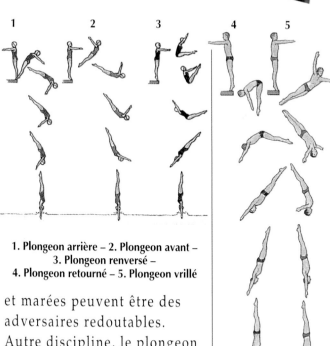

1. Plongeon arrière – 2. Plongeon avant –
3. Plongeon renversé –
4. Plongeon retourné – 5. Plongeon vrillé

et marées peuvent être des adversaires redoutables. Autre discipline, le plongeon est pratiqué en piscine et, à partir de pontons, à la mer. Les exemples présentés témoignent de sa complexité.

En compétition, les piscines sont pourvues de buts réglementaires. Chaque but, de 30 cm de profondeur, est enclos par un filet souple fixé à des poteaux.

WATER-POLO ET NATATION SYNCHRONISÉE

Le water-polo est né avec les premières compétitions de natation, organisées à la fin du XIXe siècle, en Angleterre. Aujourd'hui, c'est un sport olympique reconnu, mais surtout un loisir très agréable. Nul besoin d'être

Les joueurs d'une même équipe se reconnaissent par la couleur de leur bonnet. Seuls les gardiens de buts ont des bonnets rouges.

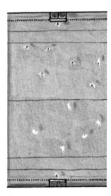

Les deux équipes se composent chacune de 7 joueurs. La partie se joue en 4 périodes de 7 min, entrecoupées de 2 min de repos. Les joueurs changent de côté chaque quart temps.

1   2   3

Le poloïste nage pour récupérer le ballon, puis effectue des passes en saisissant le ballon avec la paume de la main. Il est interdit de le frapper avec le point fermé et, sous peine de coup franc, d'enfoncer ou de tenir le ballon sous l'eau (1), de se lancer du fond du bassin pour jouer le ballon (2) et de prendre le ballon à deux mains (3).

Les concours sont composés de 2 épreuves : les figures imposées et les figures libres. Pour les secondes, les juges en choisissent 6 parmi les 200 reconnues par la Fédération internationale.

Le duo est une figure qui se décompose en 5 mouvements.
1. Catalina
2. Dauphin, genou plié
3. Jambe de ballet
4. Position groupée
5. Grand écart.

Le dauphin est une figure délicate à réaliser car elle se déroule entièrement sous l'eau.

un champion pour s'amuser, il suffit de savoir nager et de disposer d'un ballon rond, gonflé au maximum, que l'on saisira d'une seule main. Un but est marqué quand le ballon franchit la ligne de but. Il ne peut être marqué par le poing serré.

Le ballet exige une excellente technique, mais surtout une très bonne coordination.

Figure barracuda

La natation synchronisée est à fois un sport et un spectacle. Sur un fond musical, seules ou par équipe, les nageuses enchaînent des figures devant un jury composé de sept personnes. Les qualités requises sont avant tout la souplesse, le sens du rythme et la grâce.

Le ballet permet de réaliser de superbes figures, comme cette étoile de 8 nageuses.

15

AVIRON

Les compétitions d'aviron se déroulent sur lac, étang ou rivière, n'importe quel plan d'eau de 2 400 m de long et 30 m de large, sans obstacle

À la différence du kayak et du canoë, l'aviron dispose d'un système d'attache qui fixe la rame à l'embarcation. On distingue les types de bateau en fonction du nombre de rameurs et de la présence, ou non, d'un barreur.

Skiff (un rameur)

Deux sans barreur

Double scull

Deux avec barreur

Quatre sans barreur

Quatre en couple sans barreur

Quatre avec barreur

Huit barré

1. Avant le départ, chaque aligneur s'assure que le bateau est bien en ligne et avertit le starter.

2. Le barreur, face à ses équipiers, veille à la direction du bateau, surveille les concurrents et scande la cadence.

3. Pour propulser le bateau, le rameur plonge en arrière de son buste les avirons dans l'eau.

4. Le rameur prend appui sur la barre de pied pour coulisser sur son siège.

Les rames ne reposent pas directement sur la carlingue, mais sur les dames de nage, reliées à la coque par les portants.

et abrité du vent. Chaque équipage se place dans un couloir de 5 m de large, matérialisé par des bouées placées tous les 125 m. L'arrivée est jugée dès que l'étrave, c'est-à-dire l'avant de l'embarcation, franchit la ligne.

5. Le dégagé consiste à tirer les avirons vers soi tout en coulissant sur son siège, équipé de petites roulettes.

L'aviron est une rame légère, en bois ou en carbone, dont la pelle est incurvée.

Le ou les rameurs s'aident d'un ou de deux avirons pour propulser leur embarcation dont la coque est en bois ou en plastique. Le bateau est armé en pointe lorsque les rameurs utilisent les deux mains sur un seul aviron ou en couple lorsque les rameurs utilisent deux avirons. D'autres compétitions, telles que les joutes nautiques, utilisent des embarcations mues par des rameurs.

En mer, sur les étangs et les lacs, le canotage était très à la mode au début du siècle.

Les joutes nautiques mettent en compétition deux équipes comprenant chacune des rameurs et un jouteur. Debout sur une plate-forme, ce dernier, muni d'une lance, tente de jeter à l'eau son adversaire.

Les enfants peuvent aussi participer à ces joutes nautiques. L'été, certaines compétitions sont organisées spécialement pour eux dans de nombreux sites du littoral.

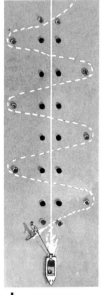

Pour le saut, on utilise deux skis courts et larges afin d'augmenter la portance. Le monoski, plus long, dispose de deux fixations.

SKI NAUTIQUE

Le ski nautique est une création française. C'est un skieur alpin d'Annecy qui eut le premier l'idée, en 1920, de se faire tracter par un bateau.
Né en Europe, ce nouveau sport est parti dès 1930 à la conquête des États-Unis et, juste après la Seconde Guerre mondiale, les premières compétitions internationales ont été organisées.

Lors de la compétition de saut, le skieur est tracté par un bateau jusqu'au tremplin, d'où il se propulse. Le skieur est jugé à la longueur de son saut et à la qualité de sa réception.

La piste de slalom (259 m x 23 m) est matérialisée par des bouées. Le bateau avance tout droit dans un chenal, pendant que le skieur décrit des courbes.

Cette discipline a connu un essor sans précédent, grâce aux succès remportés par Patrice Martin, le sportif français le plus titré. Si ce Nantais est monté sur des skis avant même de savoir

Le slalom, discipline spectaculaire, se pratique sur un monoski que l'on reconnaît à sa longueur, sa forme et ses matériaux. La longueur de la corde est fixée à 18,25 m, puis raccourcie à chaque passage.

Le barefoot (littéralement pied nu) est la dernière-née des disciplines du ski nautique. Cette technique nécessite une combinaison renforcée et un bateau capable de tracter le skieur à plus de 60 km/h.

marcher, il est préférable d'attendre l'âge de six ans pour débuter. Les figures (l'une des trois disciplines, avec le saut et le slalom) constituent, pour les enfants, une excellente initiation. Il n'est pas toujours facile de disposer d'un bateau, mais certains plans d'eau sont équipés de téléskis nautiques qui permettent de découvrir ce sport à moindres frais.

Longtemps dédaigné des spécialistes, le barefoot est aujourd'hui reconnu. En compétition, les skieurs doivent effectuer les trois disciplines traditionnelles.

Réaliser parfaitement des figures corde au pied exige de très nombreuses heures d'entraînement.

Il existe six figures principales (le dérapage, le 180°, le 360°, le 540°, le 720° et le step, passage d'un pied au-dessus de la corde) que l'on réalise sur un ou deux skis.

19

L'apprentissage de la planche à voile peut se faire, en famille ou en clubs, sur la mer, les lacs ou les plans d'eau.

1. Pour prendre le départ, le véliplanchiste redresse sa voile et son mât avec le tire-veille (cordage à nœud facilitant la prise).

2. Il vire ensuite de bord en tournant autour du mât, qu'il bascule vers l'avant.

PLANCHE À VOILE ET SURF

Contrairement à ce que l'on croit, la pratique du surf n'est pas récente. Les habitants des îles du Pacifique en furent les pionniers et, dès le début du siècle, de jeunes Américains se passionnaient déjà pour ce loisir.

Dernière-née des disciplines de la voile, le windsurf emprunte ses techniques à deux sports, la voile et le surf. Le véliplanchiste se dirige grâce au vent en contrôlant son gréement avec le wishbone, qui encercle la voile et le mât, doté d'un pied articulé. La voile est rigidifiée par des lattes en plastique. Il existe plusieurs types de planches : longue (plus de 3,5 m), pour petit

Le freestyle consiste à exécuter le plus grand nombre de figures en 3 minutes. Les concurrents sont opposés deux à deux en un système d'élimination directe.

Les compétitions comprennent des régates, des slaloms, des enchaînements de figures (le funboard).

Ramer vers le spot

Choisir sa vague

Se lever

1

2

3

Figures
1. Off-the-lip : remonter vers la vague retombante.
2. Aerial : buter sur la crête de la vague et décoller.
3. Roller : remonter puis redescendre la vague après avoir pivoté.

Surfer préparant un tube

temps ; moyenne, pour tout temps ; courte (moins de 3 m), pour les vents forts. Dans les régates, les planches sont carénées en V, afin de mieux remonter au vent. Les débutants s'initient avec des planches moyennes ou grandes, qui sont plus stables que les planches de compétition, en particulier celles utilisées pour le free-style. Pour effectuer des

sauts, les champions font appel aux techniques du surf. Tout comme les surfers, ils recherchent les vagues déferlantes afin de glisser ou de prendre appui sur les rouleaux et d'exécuter ensuite leurs figures.

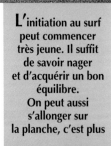

L'initiation au surf peut commencer très jeune. Il suffit de savoir nager et d'acquérir un bon équilibre. On peut aussi s'allonger sur la planche, c'est plus

facile et tout aussi amusant. Les types de planches varient du baobab (planche très large utilisée dans les années 60) au paipo, beaucoup plus petite, sur laquelle on se tient à genoux.

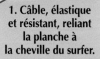

1. Câble, élastique et résistant, reliant la planche à la cheville du surfer.

Le plongeur en apnée (1) respire grâce à la réserve d'air de sa cage thoracique. Il descend le long d'un câble et sa plongée est accélérée par une sonde qu'il tient devant lui.

Le plongeur avec bouteille (2) doit respecter des paliers pour remonter à la surface. Il existe des tables qui déterminent leur nombre et leur durée en fonction de la profondeur et du temps passé sous l'eau.

PLONGÉE

Le Grand Bleu a donné à des milliers de jeunes le goût de la plongée et des fonds marins. Mais avant de se lancer en apnée (sans bouteille) comme le héros de Luc Besson, il est préférable de commencer par apprendre à plonger avec des bouteilles. Il existe désormais en France de très nombreux clubs où des moniteurs dispensent l'enseignement

La bouteille contient de l'air comprimé. Elle est fixée au dos du plongeur par un harnais. Le débit d'air se régle automatiquement grâce à un detendeur en fonction de la profondeur de la plongée, et arrive jusqu'à l'embout buccal.

L'apprentissage de la plongée se déroule en piscine. On apprend tout d'abord le code des signes qui permet de communiquer avec ses partenaires.

Les fonds rocheux et les eaux claires offrent une bien meilleure visibilité que les fonds sablonneux.

On peut commencer la plongée très jeune. Il suffit de savoir nager.

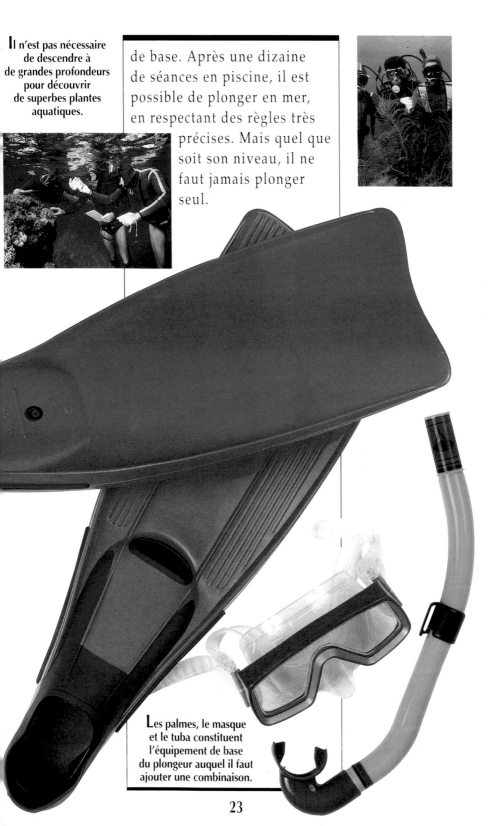

Il n'est pas nécessaire de descendre à de grandes profondeurs pour découvrir de superbes plantes aquatiques.

de base. Après une dizaine de séances en piscine, il est possible de plonger en mer, en respectant des règles très précises. Mais quel que soit son niveau, il ne faut jamais plonger seul.

Les palmes, le masque et le tuba constituent l'équipement de base du plongeur auquel il faut ajouter une combinaison.

VOILE

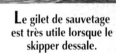

Le dériveur

Le quillard

Le multicoque

Ces trois types de bateaux sont les voiliers les plus utilisés dans les écoles de voile.

Le spinnaker (1), le génois (2), le foc (3) et la grand-voile (4) sont les principales voiles.

Les exploits d'Éric Tabarly, Florence Arthaud et Philippe Jeantot, entre autres, ont contribué à l'essor de la voile en France. Mais, avant de rêver à la course au large (les transtlantiques, le tour du monde en solitaire ou en équipage et les tentatives de record), la voile s'apprend dans des écoles ou dans des clubs, sur les plages, à bord d'optimistes et de dériveurs, des petits bateaux à dérive mobile, où prennent place deux équipiers. Outre les manœuvres, on y enseigne la connaissance des vents, la

au près

de tra

au largue

vent arrière

Les allures sont les positions du voilier par rapport au vent.

Le gilet de sauvetage est très utile lorsque le skipper dessale.

Le catamaran est une embarcation à deux coques. Il en existe de toutes tailles. Les plus grands sont utilisés pour battre les records de vitesse.

lecture des cartes maritimes et les symboles de signalisation. Les premiers apprentissages faits, on découvre très vite les joies de la régate.

L'optimiste se dirige en manœuvrant le gouvernail et l'on tend la voile en tirant sur l'écoute de grand-voile.

Bôme

Mât

Compas

Bâbord
(côté gauche)

Écoute de foc

Tribord
(côté droit)

Stick

Dérive

Safran

L'optimiste, petit dériveur à fond plat, est idéal pour les débutants. Facile à diriger, il permet de s'initier à la voile dès l'âge de 8 ans.

Comme les champions de la Coupe de l'America, les skippers en herbe participent à des régates. Les bateaux partent au près (vent de face) et les skippers effectuent des virements de bord (on dit qu'ils louvoient) pour tourner autour des bouées.

Abattre
Faire une abattée :
éloigner le bateau
du lit du vent.

VERBES MARINS

Il faut connaître le sens précis
des verbes utilisés à bord
d'un bateau si l'on veut
comprendre une manœuvre
et l'exécuter correctement.

Écoper
Rejeter par-dessus
bord l'eau qui a
pénétré à l'intérieur
d'un bateau.

Affaler
Faire descendre une
voile. On affale une
grand-voile, un foc.

Choquer
Donner du mou
à un cordage en
le lâchant
progressivement.

Déjauger
Abaisser la ligne
de flottaison d'une
coque.

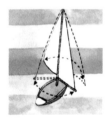

Embraquer
Attirer à soi une
grande longueur
de cordage pour en
reprendre le mou.

Amarrer
Fixer à l'aide d'un
cordage. Maintenir
un bateau à poste.

Déborder
Écarter du bord :
on déborde un foc
à l'aide d'un tangon.

Dépaler
Un bateau est
dépalé quand le vent
ou le courant le fait
dévier de sa route.

Empanner
Faire passer la
voilure d'un bord
à l'autre en virant
par vent arrière.

Border
Tirer sur les écoutes
pour rapprocher
les voiles de l'axe
du bateau.

Se déhaler
S'écarter avec
difficulté d'un
danger, d'une côte.

Dessaler
Chavirer, lorsqu'on
est à bord d'un
dériveur léger.

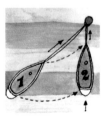

Endrailler
Placer sur une
draille. On endraille
un foc sur l'étai avec
des mousquetons.

Établir
Hisser la voilure et l'orienter. Établi : stabilisé en parlant du temps, du vent.

Gîter
Prendre de la gîte : s'incliner sur un bord sous l'influence du vent, de la mer.

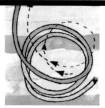

Lover
Rouler un cordage sur lui-même pour permettre un dévidement rapide.

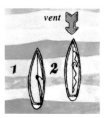

Refuser
Changement de direction du vent qui se retrouve face à l'avant du bateau.

Étaler
Supporter. Un bateau doit pouvoir étaler un fort coup de vent sans dommages.

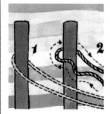

Larguer
Défaire un nœud, un amarrage. On largue une aussière, une remorque.

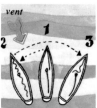

Manquer à virer
Ne pas réussir à virer de bord par l'avant, et revenir à la même amûre.

Souquer
Tirer avec force sur des avirons, un nœud, une amarre.

Étarquer
Tendre à bloc. On étarque une drisse au moyen d'un winch de mât.

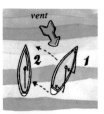

Lofer
Amener l'avant du bateau vers le lit du vent.

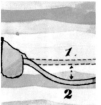

Mollir
Donner du mou, relâcher un cordage tendu : on mollit une aussière.

Tosser
Heurter. Sans défenses, la coque tosserait le quai où elle est amarrée.

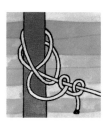

Frapper
Fixer, attacher, amarrer. On frappe un cordage à un taquet.

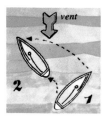

Louvoyer
Naviguer en zig-zag, au près serré, pour avancer dans la direction du vent.

Parer
Doubler un danger, un phare, un point de côte.

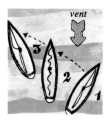

Virer de bord
Changer d'amûre : changer de cap pour recevoir le vent sur l'autre bord.

Promenade-découverte

Lorsqu'on se promène au bord d'une rivière ou d'un fleuve, mieux vaut remonter le cours d'eau vers sa source. Dans le sens inverse, les odeurs et les bruits portés par l'eau vous font repérer à l'avance et vous avez moins de chance de surprendre des oiseaux ou des mammifères aquatiques.

Principales étapes de la construction d'un pont suspendu

JEUX
DE RUISSEAUX

Ruisseaux et rivières offrent des occupations inépuisables. Outre les éternels barrages de cailloux, les matériaux offerts par la nature permettent de bricoler quelques «ouvrages d'art» simples et amusants, avec un canif (attention aux doigts !) et de la ficelle.

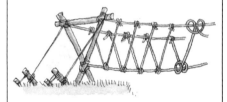

Pour fabriquer un pont de bois, placez d'abord deux madriers parallèles (des grosses branches ou des troncs, les plus droits possible) de part et d'autre du ruisseau et stabilisez-les sur chaque rive. Rassemblez des planches ou des branches solides, et fixez-les une par une sur les madriers, avec des clous ou avec des nœuds de brêlage, en progressant d'une rive à l'autre. Vérifiez bien la solidité du pont avant de vous y aventurer.

Radeau miniature

Utilisez, en guise de flotteurs, des bouchons ou des morceaux de polystyrène (emballage de glace, par exemple). Reliez des petites branches de même longueur (20 cm), à l'aide de nœuds de tête de bigue, jusqu'à ce que vous obteniez un radeau à peu près carré. Fixez parallèlement les flotteurs le long des deux bords... Larguez les amarres !

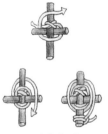

Nœud de brêlage

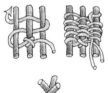

Nœud de tête de bigue

Il y a, sur les noyers, tout ce qu'il faut pour fabriquer un petit bateau ! La coquille du fruit servira de coque à cette embarcation étonnante et la feuille, montée sur une brindille, fera la voile.

Quelques brindilles, un morceau de toile et un peu de ficelle, voilà le matériel nécessaire à la fabrication de ce petit catamaran…

Des bouteilles en plastique vides constituent les flotteurs inattendus de ce petit radeau. Vous pourrez le surmonter d'un drapeau de la couleur de votre choix.

Pour bâtir un moulin de rivière, construisez d'abord les pales du moulin en découpant six lamelles de bois plates dans des branches d'aulne, de frêne ou de pin, en prenant soin de tailler une de leurs extrémités en pointe. Un bâton bien droit constituera l'axe du moulin. En son milieu, pratiquez six encoches en étoiles dans lesquelles vous enfoncerez fermement les pales. Pour finir, calez verticalement dans le ruisseau deux petites branches fourchues, entre quelques cailloux. Placez dessus en équilibre l'axe et les pales : entraînées par le courant, elles feront tourner le moulin.

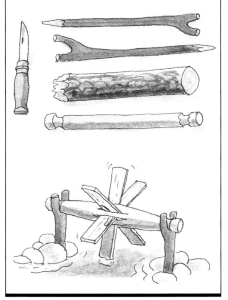

Ricochet

Choisir un galet plat. En le tenant horizontalement entre les doigts, penchez-vous aussi près que possible du sol, et lancez-le en le faisant tourner sur lui-même à l'horizontale. À la surface de l'eau, le galet doit rebondir nettement à plusieurs reprises, ou bien faucher les vaguelettes.

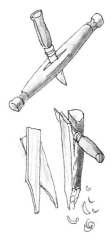

JEUX D'EAU ET DE SABLE

Sur la plage ou le bord d'une rivière, pendant que certains jouent dans l'eau, d'autres peuvent improviser toutes sortes de jeux de société, utilisant le sol comme damier, et, en guise de jetons, les matériaux environnants : coquillages et cailloux de différentes formes et couleurs, baies, brindilles...

Monstre aquatique

Le premier nageur avance uniquement avec les bras. Il est tenu par les pieds par le deuxième nageur, qui, lui, se propulse seulement avec les jambes.

Dames africaines

Tracer un damier de 4 cases sur 4. Chaque joueur dispose de 4 pions (cailloux pour l'un, coquillages pour l'autre), alignés face à face, sur la première rangée. Chaque joueur déplace, à tour de rôle, un pion, case par case, en avant et tout droit, ou en diagonale pour «manger» un pion adverse. Le pion qui atteint la ligne de départ adverse devient une dame ; il peut alors avancer de plusieurs cases à la fois. Le but est de «manger» tous les pions adverses.

Empreintes-mystère

Pendant que les autres joueurs ne regardent pas, un pisteur fait un parcours étrange sur le sable : marche en avant, à reculons, un tour sur place, une roulade, sur la pointe des pieds, à quatre pattes... laissant ainsi une piste brouillée et énigmatique. Chaque joueur doit ensuite tenter de refaire le même parcours en devinant les figures effectuées par le pisteur.

Nimbi

32 pions semblables sont disposés sur 4 rangées de 8 (et donc 8 colonnes de 4). Tirer au sort le premier joueur. Il prend le nombre de pions qu'il veut, dans une rangée ou une colonne. Le second joueur fait de même, jusqu'à ce qu'il ne reste qu'un seul pion : celui qui est obligé de prendre ce dernier pion a perdu.

Jeu de Mérelle

Tracer dans le sable la figure ci-dessus. Les 2 joueurs choisissent chacun 3 pions différents. Chacun doit placer à son tour un pion à l'intersection de 2 lignes. Le gagnant est le premier qui réussit à aligner 3 pions sur une même ligne.

Casse-tête

Tracer dans le sable un carré de 3 cases sur 3. Trouver 8 pions de 3 sortes différentes : 3 cailloux, 3 grands coquillages, 2 petits coquillages, par exemple. Disposer les pions au hasard, chacun sur une case. Le but du jeu est de les aligner horizontalement : les cailloux en haut, les gros coquillages au milieu, les petits en bas, en faisant glisser chaque pion de case en case.

À LA CLAIRE FONTAINE

À la claire fontaine
M'en allant promener,
J'ai trouvé l'eau si belle
Que je m'y suis baignée.

Refrain
Il y a longtemps que je t'aime
Jamais je ne t'oublierai !

Sous les feuilles d'un chêne
Je me suis fait sécher ;
Sur la plus haute branche
Le rossignol chantait.

Chante, rossignol, chante,
Toi qui as le cœur gai,
Tu as le cœur à rire...
Moi je l'ai à pleurer !

J'ai perdu mon ami,
Sans l'avoir mérité,
Pour un bouquet de roses
Que je lui refusai.

Je voudrais que la rose
Fût encore au rosier
Et que mon doux ami
Fût encore à m'aimer.

Solitaire

Tracer 7 cases alignées. Disposer 3 cailloux sur les 3 cases de droite, 3 coquillages sur les 3 cases de gauche. Le jeu consiste à permuter les pions : les cailloux doivent passer à gauche et les coquillages à droite. Les pions se déplacent donc de case en case, sans jamais reculer, et peuvent sauter par-dessus un pion si la case suivante est libre.

Jeu de la mourre

Les deux joueurs ferment le poing, puis ouvrent en même temps la main en dressant 1 à 5 doigts, en annonçant un chiffre de 2 à 10. Le chiffre annoncé doit être égal à la somme des doigts levés par les deux joueurs. Celui qui a trouvé le bon chiffre gagne 1 point. Il faut jouer très vite... ce qui ne manque pas d'entraîner quelques tricheries.

LE 3615 ELF EST À VOTRE SERVICE

VOTRE ITINÉRAIRE

Avant de partir, choisissez votre parcours en fonction
de vos envies, de vos préférences et du temps dont vous disposez :
- Itinéraires directs : calculez le kilométrage
de votre trajet, le prix des péages…
- Itinéraires buissonniers : ponctuez votre route d'étapes et de visites…
En chemin, vous pourrez vous arrêter dans les stations ELF et ANTAR
afin de compléter au plus vite votre collection !

VOTRE MÉTÉO

En route ou sur votre lieu de séjour, en montagne,
à la campagne ou au bord de la mer, vous pouvez consulter
toutes les informations météorologiques concernant votre région :
la température extérieure (les écarts entre haute et basse altitude sont signalés),
la température de l'eau, la force des vents, les heures et les coefficients
des marées, ainsi que la météo marine au large des côtes.

GAGNEZ DES MILLIERS DE CADEAUX
INFORMEZ-VOUS SUR LE SERVEUR
VOCAL ELF !
Au 36 68 1 2 4 6
24h/24, 7j/7 (2,19 F la minute)

ISBN 2-74240288-8 © Nouveaux-Loisirs 1995
Dépôt légal : juin 1995. Imprimé en Italie.